John Osteen

DAS WUNDER IST IN DEINEM MUNDE

FGBMFI

Titel der Originalausgabe:
There is a Miracle in your Mouth

01

Schriftenreihe der

GESCHÄFTSLEUTE
DES VOLLEN EVANGELIUMS
INTERNATIONALE VEREINIGUNG

Bestellungen sind an folgende Adresse zu richten:
Herstellung und Vertrieb: STIWA Druck und Verlag
Schurwaldstr. 10, Postfach 1220, D-7068 Urbach

6. Auflage, 1984

Umschlaggestaltung: Dieter Illgen

ISBN 3-923310-01-3

Manchmal brauchst du in deinem Leben ein Wunder von Gott! Es mag für dich selbst oder für jemanden in deiner Familie sein. Sicherlich warst du schon oft in dieser Lage.

Du magst gerade jetzt, während du diese Zeilen liest, in einer Notlage sein. Du brauchst jetzt ein Wunder in deinem Leben. Hat dich Unsicherheit oder eine furchtbare Krankheit befallen? Sind es unüberwindbare familiäre oder finanzielle Schwierigkeiten? Ist es ein widerspenstiges Kind? Ist es eine unsichtbare Macht, die dir Angst einflößt? Sehnst du dich und suchst du nach einem Wunder?

Dann habe ich eine gute Nachricht für dich! Du kannst ein Wunder von Gott erfahren. Gott hilft mit Wundern. Er berichtet viele seiner Wunder in der Bibel. Lies sie und du wirst sehen, wie dein Gott ist. In Maleachi sagt er: »Denn ich, der Herr, ich verändere mich nicht.« (Mal. 3, 6) »Jesus Christus ist derselbe, gestern und heute und in Ewigkeit.« (Hebr. 13, 8) Mir wurde einmal beigebracht, die Zeit der Wunder sei vorüber. Eines Tages jedoch fand ich heraus, daß es niemals eine »Zeit der Wunder« gegeben hat, aber daß es einen GOTT DER WUNDER gibt und daß ER sich niemals verändert!

Wo findest du das Wunder, das du so dringend brauchst? Wie kannst du es für dich verwirklichen?

Viele laufen auf der Erde hin und her auf der Suche nach dem Wunder, das sie brauchen. Sie gehen von einem zum andern; sie hoffen und suchen und sehnen sich danach voller Erwartung. Ganz sicher bekommen manche Hilfe, denn Gott benutzt auserwählte Gefäße, aber viele werden auch enttäuscht.

Wie kannst du dieses Wunder erfahren?

Laß uns Gottes Wort ansehen. Was sagt es uns: »Das Wort ist dir nahe, in deinem Mund und in deinem Herzen; das ist das Wort des Glaubens, welches wir predigen, daß, wenn du mit deinem Munde Jesus als Herrn bekennen und in deinem Herzen glauben wirst, daß Gott ihn aus den Toten auferweckt hat, du errettet werden wirst. Denn mit dem Herzen wird geglaubt zur Gerechtigkeit, und mit dem Munde wird bekannt zum Heil.« (Röm. 10, 8–10)

DAS WUNDER IST IN DEINEM MUND!!

Gottes Verheißungen sind gut. »Kein Wort, das von Gott kommt, wird ohne Kraft sein.« (Luk. 1, 37) »Gott wacht über seinem Wort, um es auszuführen.« (Jer. 1, 12) Diese Verheißungen sind in deinem MUND. Wage es, sie auszusprechen! Wage es, sie zu bekennen!

So oft hast du schon gesagt: Ich glaube. Ich glaube Gott! Dennoch mußt du mehr tun als in deinem Herzen glauben. Die zitierte Bibelstelle sagt: BEKENNE MIT DEINEM MUNDE!

Ein Bekenntnis wird zum Heil gesprochen! Das Wunder ist hier auf deiner Zunge. Es ist in deinem Mund. Was meine ich damit? Die Verheißung Gottes ist hier. Der Gott, der nicht lügen kann, hat dir viele Verheißungen gegeben (Titus 1, 2)

Das Wunder ist in DEINEM MUND. Wage es, die Verheißung laut auszusprechen. Sprich sie dir vor! Sage sie dem Teufel! Sage sie deiner Krankheit! Sage sie den Bergen von Schwierigkeiten! Bekenne sie angesichts aller dagegensprechenden Tatsachen! Sprich sie, während der Schmerz da ist! Sprich sie, während du so krank bist, daß du kaum denken kannst! !

Gott schaut lächelnd herab auf dich. Er freut sich darüber, daß du ihn an sein Wort erinnerst. Ganz sicher wird der Herr seine Verheißungen in deinem Leben wahr werden lassen. Wenn wir sein Wort SPRECHEN und BEKENNEN, vollbricht ER das Wunder!

DAS BEKENNTNIS WIRD ZUM HEIL GESPROCHEN!

Das größte Wunder

Ich denke gerade an die Zeit, in der ich das größte aller Wunder erlebte, die Erlösung meiner Seele. Ich war eigensinnig und hatte gesündigt. Ich lief mit der breiten Masse. Ich folgte der Welt und tat dies gern. Ich war ein verlorener Sünder auf dem Weg zur Hölle. In seiner Barmherzigkeit rettete Gott zweimal mein Leben. Einmal als Baby, als ich erst wenige Monate alt war. Ich sprang aus den Armen meiner Schwester in ein offenes Feuer hinein und hätte in den Flammen umkommen können, aber Gott schonte mein Leben. Das andere Mal war ich ein Teenager und schwamm in einem Fluß. In der Mitte des Flusses ließ meine Kraft nach und ich tauchte mehrere Male unter, zu schwach, um nach meinen Freunden zu rufen. Schließlich wurde ich ohnmächtig und ging unter. Ein Junge, der auf einem Baumstamm paddelte und nicht wußte, daß ich unter dem Wasser trieb, machte einen Kopfsprung und schlug gegen meinen Körper, wodurch ich an das Ufer getrieben wurde und wieder zu mir kam. Oh, wie gut und barmherzig Gott doch zu uns allen ist! Es besteht kein Zweifel, lieber Leser, daß er auch dein Leben schon oft bewahrt hat.

In meinem verlorenen Zustand brauchte ich ein Wunder, das mein Herz verändern und meine Seele retten würde. Eines Nachts fuhr ich um etwa ein oder zwei Uhr morgens von einem Nachtclub nach Hause. Auf meinem Weg durch Fort Worth, Texas, begann ich über Gott, die Hölle, den Himmel und die Ewigkeit nachzudenken. Gott fing in jener Nacht an, jemandes Gebet zu beantworten. Ich wurde von meiner Sünde überführt, obwohl ich nicht wußte, was das sollte.

Aber wie bekam ich das Wunder, das ich brauchte?

Ich wandte mich an einen meiner Freunde, der Christ war. Er erklärte mir: »Denn also hat Gott die Welt geliebt, daß er seinen eingeborenen Sohn gab, auf daß jeder, der an ihn glaubt, nicht verloren gehe, sondern ewiges Leben habe« (Joh. 3, 16) und sagte: »Wir alle irrten umher wie die Schafe, wir wandten uns ein jeder auf seinen Weg; und der Herr hat ihn (Jesus) treffen lassen unser aller Ungerechtigkeit.« (Jes. 53, 6) Er nannte mir Gottes Verheißungen. Er zeigte mir die Stellen, in denen steht: »So viele ihn aber aufnahmen, denen gab er das Recht, Kinder Gottes zu werden.« (Joh. 1, 12) »Ein jeder, der den Namen des Herrn anrufen wird, wird errettet werden.« (Apg. 2, 21) »Kommt denn und laßt uns miteinander rechten, spricht der Herr. Wenn eure Sünden wie Scharlach sind, wie Schnee sollen sie weiß werden; wenn sie rot sind wie Karmesin, wie Wolle sollen sie werden.« (Jes. 1, 18) »Glaube an den Herrn Jesus, und du . . . wirst errettet werden.« (Apg. 16, 31)

In meinem Herzen glaubte ich an diese Verheißungen, aber ich konnte nicht die Befreiung und den Frieden finden, den ich brauchte. Ich benötigte ein Wunder!

Das Wunder war in meinem Mund! Ich ging mit meinem Freund zur Kirche. Ich ging mit ihm den Gang hinunter. Ich stand vor der Gemeinde und ÖFFNETE MEINEN MUND UND LIESS DAS WUNDER HINAUS! Ich sprach mit meinem Mund laut aus, was Gott in seinem Wort sagt. Ich habe Jesus Christus als meinen Herrn angenommen und er hat meine Seele errettet. Ich bekenne, daß ich jetzt ein Christ bin aufgrund der Autorität seiner großen Verheißungen. In seinem Blut bin ich von meinen Sünden reingewaschen. Ich bin ein Kind Gottes. Dies ist wahr, weil Gottes Verheißungen es sagen.

DAS BEKENNTNIS (der Verheißungen Gottes) WIRD ZUM HEIL GESPROCHEN!!

An jenem Tag wurde mein Wunder der Erlösung von Sünde Realität. Jesus errettete mich. Er tat es nicht eher, bis ich meinen Mund öffnete und bekannte, daß seine Verheißungen auch mir galten!!

Das Wort (Gottes Verheißungen) ist dir nahe — sogar in deinem Mund. Wenn - wenn - wenn - wenn du nicht nur glaubst, sondern die VERHEISSUNG LAUT BE-

KENNST, wird es dir das Wunder bringen, das du brauchst.

Das Wunder ist in deinem Mund! Laß es nicht schlafend und ungenutzt herumliegen. SPRICH ES AUS!!

Das Bekenntnis wird ZUM HEIL gesprochen!

Heil bedeutet nicht nur die Errettung von Sünden, sondern heißt auch Unversehrtheit, Heilung, Sicherheit, Befreiung, usw.

Lege die Verheißungen Gottes, die sich auf deine Situation beziehen, in dein Herz und glaube an sie, dann ÖFFNE DEINEN MUND und sprich das Bekenntnis zur BEFREIUNG, HEILUNG, SICHERHEIT UND UNVERSEHRTHEIT DES KÖRPERS, DER SEELE UND DES GEISTES.

In anderen Worten, du kannst, so wie du das Wunder der Erlösung bekommen hast, weitere Wunder erfahren.

In bezug auf Heilung oder andere Bedürfnisse mag der Beweis nicht sofort sichtbar sein, soweit man ihn mit den Augen oder Gefühlen wahrnehmen kann, aber wenn du fortfährst, die Verheißungen zu bekennen und in deinem Herzen nicht zweifelst, wird das Wunder in Erscheinung treten und zur Verherrlichung des Namens Jesu leuchten. Jesus arbeitet mit Wundern. Gott ist unser Arzt. Wenn wir die Worte Gottes bekennen, können sie Wunder wirken.

Die Bibel sagt: »Sie versuchten Gott wiederum und begrenzten den Heiligen Israels.« (Ps. 78, 41) Wir können Gott tatsächlich von etwas abhalten!

Er möchte dich heilen! Er sehnt sich danach, dich zu befreien! Er möchte dir so gern ein Wunder schenken!

Aber wenn du seine Verheißungen nicht heraussuchst und sie in deinem Herzen glaubst und MIT DEINEM MUNDE BEKENNST, wirst du Gottes Macht, Wunder zu wirken, begrenzen.

Es ist so einfach, mit seinem Anliegen zu einem Menschen zu gehen. Wir wollen das auch nicht geringschätzen, aber eines Tages findest du diesen Menschen vielleicht nicht. Gott möchte, daß DU im Glauben wächst. Er möchte, daß du weißt, daß auch DU wichtig bist. Er wird dir zuhören. »BITTET, und es wird euch gegeben; suchet, und ihr werdet finden; klopfet an, und es wird euch aufgetan werden.« (Mt. 7, 7) DIR!! Ja, auch DIR!! Gott wird DEIN BEKENNTNIS SEINER VERHEISSUNGEN hören und es ehren.

Die Heilung unserer Tochter

Ich erinnere mich daran, als unsere Tochter geboren wurde. Meine Frau ist eine examinierte Krankenschwester. Sie wußte sofort, daß Lisa nicht normal war. Der Arzt, der sie entband, wußte es. Unsere Kinderärztin bestätigte es später. Sie sagte, Lisa hätte einen Geburtsfehler. Sie würde unter so etwas ähnlichem wie Gehirnlähmung leiden. Das kleine Kind hatte keine Muskelkraft in seinem

Körper. Sie zeigte keine Saugreflexe. Sie konnte niemals ihren Kopf vom Bett hochheben, nicht einmal ein ganz klein wenig, bis sie fünf Monate alt war. Sie hatte niemals genug Kraft, um zu krabbeln. Sie rutschte einfach im Sitzen über den Fußboden.

WIR BRAUCHTEN EIN WUNDER!!

Obwohl ich schon neunzehn Jahre Baptistenprediger war, wußte ich wenig über Heilung. Wir hatten nur sehr wenig Ahnung von der wunderwirkenden Kraft Gottes. In Büchern, die ich in der Bibliothek hatte, stand: Gott sendet Krankheit, um uns zu segnen oder eine Lehre zu erteilen. Ich hatte gepredigt, daß wir immer sehr vorsichtig sein und sagen sollten: Wenn es dein Wille ist, heile diesen Menschen.

Damals hatte ich noch nicht die Taufe im Heiligen Geist empfangen, aber Gott half uns. Ich schloß meine Bibliothek ab und studierte allein Tag für Tag das Wort Gottes. Ich las die vier Evangelien, bis ich anfing, Jesus zu sehen. Aus den Seiten trat ein mächtiger, mitleidender Wunderwirker hervor. Es war nicht ein baptistischer Jesus, noch ein methodistischer, presbyterianischer oder katholischer Jesus. Es war der SOHN DES LEBENDIGEN GOTTES, DER DER GLEICHE IST: GESTERN, HEUTE UND IN EWIGKEIT.

Ich erkannte ihn als jemanden, der so groß ist, daß er alle unsere Vorstellungen übersteigt.

Ich sah ihn nicht als einer Konfession angehörig, sondern als jemanden, der groß genug ist und genug Liebe hat, um ALLE Menschen, wo sie auch sein mögen, mit seinen mächtigen Armen zu umgeben!

Immer wieder lasen wir uns seine Verheißungen vor. Wir lernten, daß es der Teufel war, der unserer Tochter die Krankheit auferlegt hatte. Er wollte sie gern als Krüppel haben, aber Gott wollte sie heilen.

Wir beteten für ihre Heilung, aber nichts schien zu geschehen. Sie sah immer gleich aus. Warum tat dieser wunderbare Jesus nicht etwas?

WIR BEGRENZTEN DEN HEILIGEN ISRAELS!
Wo war unser WUNDER?
Es war in UNSEREM MUND!!

Natürlich wissen wir, daß das Wunder in Jesus liegt, aber wir begrenzen ihn und seine Kraft, wenn wir es versäumen, sein Wort zu bekennen und uns darauf zu berufen.

Meine Frau Dodie und ich entschlossen uns, so gut wir es wußten, unseren Mund zu öffnen und das Wort zum HEIL — ZUR HEILUNG zu bekennen.

Das waren traurige und dunkle Tage für uns kämpfende Baptisten. Aber Gott ist so barmherzig und mitfühlend.

Wir nahmen diese Verheißungen und fingen an, sie zu bekennen trotz des schlechten Aussehens unserer Tochter. Wir erklärten: »Durch seine Striemen ist sie heil geworden.« (1. Petr. 2, 24) Wir legten ihr die Hände auf, denn das Wort sagt: »Sie wird sich wohlbefinden.« (Mk. 16, 18) Sie ist dabei, gesund zu werden! Jesus sagt: »Was ihr bitten werdet in meinem Namen, das werde ich tun.« (Joh. 14, 13) Wir bekannten: Jesus tut es, Jesus tut es!

Wenn man uns sagte, wie schlecht sie aussähe oder nach ihr fragte, versuchten wir zu antworten, was Gott sagte und nicht was wir mit unseren Augen sahen.

Monate vergingen. Sie hatte sich nicht verändert. Wo ist das Wunder? Wo ist das Wunder?

Es war in unserem Mund. »Tod und Leben sind in der Gewalt der Zunge«, sagt die Bibel (Spr. 18, 21). Wir stellten uns auf die Seite der Verheißungen Gottes und gegen die verlogenen Symptome des Teufels.

»Gott wacht über seinem Wort, um es auszuführen.« (Jer. 1, 12) Gott lächelte und sah uns zu. Jesus war nahe.

Im fünften Monat hob sie den Kopf vom Bett hoch, als sie auf dem Bauch lag. Der himmlische Vater erfüllte sein Wort. Meine Frau wußte, daß es ein Zeichen für Anomalität ist, wenn ein Baby im siebten Monat nicht allein sitzen kann. Der fünfte Monat kam und ging vorüber. So auch der sechste. Satan sagte uns tausende von Malen, sie würde nie normal werden, aber wir hatten ein Wunder in unserem MUND, und wir bekannten es immer wieder — BIS ZUM HEIL.

Gerade als die letzten kritischen Tage jener Monate, an denen sie alleine hätte sitzen können müssen, wie im Fluge vergingen, drehte sie sich um und saß allein!!!!

Ich bin sicher, daß die Engel, die das mitverfolgten, in ein himmlisches Lied zum Preise Gottes über seine Liebe und Treue zu seinem Wort eingestimmt haben. Ich bin sicher, unser gelobter Jesus lächelte glücklich über unsere Freude, denn er hatte alle unsere Sünden, Krankheiten und Schmerzen auf sich geladen und unsere Heilung erkauft.

Dies war der Wendepunkt. Von da an entwickelte sie sich normal. Sie ist jetzt, während ich dieses schreibe, zwölf Jahre alt. In jeder Hinsicht hat sie sich prächtig entwickelt und ist ein ganz normales Kind.

Unser Kinderarzt sagte, es sei ein Wunder von Gott!!!!

DAS WUNDER WAR IN UNSEREM MUND! WIR BEKANNTEN ES LAUT UND DIE HEILUNG KAM!

Wir sprechen hier nicht vom »positiven Denken« und meinen auch nicht »Verstandeskraft«. Wir erinnern an das ewige Wort Gottes: »Er sendet sein Wort und heilt sie.« (Ps. 107, 20)
»Der Himmel und die Erde werden vergehen, aber meine Worte sollen nicht vergehen.« (Mt. 24, 35)
»In Ewigkeit steht sein Wort fest in den Himmeln.« (Ps. 119, 89)

Aber du mußt DEINE VERHEISSUNGEN FINDEN und sie TAG UND NACHT BEKENNEN. Berufe dich auf das Wort Gottes. Gott wird sein Wort wahr werden lassen.

Im Fall Daniels, der drei Wochen für etwas Bestimmtes betete, sagte Gott: An dem Tage, an dem du mich angerufen hast, wurde dir die Antwort geschickt, aber Satan verhinderte den Empfang. (Dan. 10, 12) Dies geschieht manchmal. Hör einfach nicht auf, das Wort Gottes zu bekennen. Es wird wahr werden. Was dich betrifft, hast du es schon in deinem Herzen, und du weißt, daß es eintreten wird, wenn du sein Wort weiterhin bekennst.

Wenn Gott uns jedesmal sofort heilen würde, hätten wir keine Geduld mit anderen. Wir würden nicht im Glauben wachsen. Natürlich werden es dunkle Stunden sein, wenn es so aussieht, als ob es nur dich, Gott und sein Wort gäbe. ABER DAS REICHT AUS, WENN DU NUR MUTIG SEINE VERHEISSUNGEN BEKENNST UND SAGST, DASS DAS WUNDER DIR GEHÖRT!!

Die Heilung eines krebsartigen Tumors

In Texas lebt eine wunderbare Christin, die herausfand, daß das Wunder in ihrem Mund lag. Ich sage es noch einmal. Jesus vollbringt die Wunder; Gott heilt, und sie tun es, wenn wir die Verheißungen bekennen. Das Bekenntnis wird ZUM Heil, zur Heilung, zur Befreiung gesprochen. Wenn du ein Wunder haben möchtest, wenn du Heilung haben möchtest, wenn du Befreiung finden willst, wähle den Weg, der dorthin führt.

DIESER WEG IST DER WEG DES BEKENNTNISSES DER VERHEISSUNGEN GOTTES UND DER GEWISSHEIT IN UNSEREN HERZEN, DASS GOTT ÜBER SEINEM WORT WACHT UND ES WAHRWERDEN LASSEN WIRD.

Das Bekenntnis wird zum Heil, zur Heilung und zur Befreiung gesprochen.

Das Wort ist dir nahe, sogar in deinem Mund.
Die Frage ist nur, wirst du es laut bekennen und so zu deinem Wunder kommen?

Diese wunderbare Christin kam zu einer unserer Veranstaltungen. Ich wußte nichts von ihrer schrecklichen körperlichen Verfassung. Sie hatte einen krebsartigen Tumor in ihrem Körper und litt schon sehr lange. Sie war in ärztlicher Behandlung und wartete auf eine Operation. Die Schmerzen waren so groß, daß sie dachte, sie könnte nicht zur Veranstaltung kommen, entschloß sich aber doch, jemanden zu suchen, der sie bringen konnte.

Sie bat Gott, er möge mich durch die Gabe der Offenbarung ihren Zustand erkennen lassen, sie im Glauben stärken und ihr helfen, ihre Heilung zu finden.

So saß sie dort unter großen Schmerzen in der Veranstaltung. Aber dem Herrn sei Dank, Jesus wird von dem Schmerz unserer Krankheit berührt und hat Mitgefühl mit den Leiden.

Ich predigte und diente den Leuten und rief einige nach vorn, für die besonders gebetet werden sollte. Danach sagte ich, wir würden die Veranstaltung beenden. Sie erklärte später, ihr Herz sank vor Enttäuschung, denn es schien ganz so, als ob sie ausgelassen worden wäre. Doch dann spürte ich einen Impuls in meinem Geist. Ich fühlte ein leichtes Widerstreben, die Veranstaltung zum Abschluß zu bringen. Es war Jesus, der in mein Herz flüsterte, daß noch jemand da war, dem geholfen werden mußte. Wie gut, zu wissen, daß Jesus immer dabei ist und die Arbeit tut und uns hilft, wenn wir mitarbeiten.

Wenn wir hinausgehen und predigen, sagte er: »Ich bin bei euch alle Tage —« (Mt. 28, 20). Er ist und war an jenem Tag dabei.

So sagte ich: Ich meine, wir sollten noch nicht schließen. Es ist jemand da, der Hilfe braucht. Ich erinnere mich, daß ich sie nach vorn rief. Unser lieber Herr teilte mir mit, daß sie einen krebsartigen Tumor hatte und daß er wollte, daß sie geheilt würde. Das stärkte ihren Glauben. Dann befahl ich dem Tumor abzusterben und betete um Heilung. Ich sagte ihr, sie solle nach Hause gehen und erklären: Durch seine Wunden bin ich geheilt und betonte, sie solle es immer wieder sagen. Ich weiß, daß viele sofort geheilt werden, aber dies war bei ihr offensichtlich nicht der Fall. Sie hatte noch immer Schmerzen und einen aufgeblähten Körper vom Tumor.

Das Wunder würde aus ihrem MUND kommen!

Der Herr Jesus hatte mir aufgetragen, ihr zu sagen, sie solle sagen und immer wieder sagen: »DURCH SEINE WUNDEN BIN ICH GEHEILT!«

Das Wunder ist dir nahe, sogar in deinem Mund. Wenn du bekennst, wird das Bekenntnis zum Heil gesprochen.

Sie ging im Geist gestärkt nach Hause. Sie wußte nur wenig von dem Leiden, das auf sie wartete. Sie sagte, sie verbrachte die schmerzvollsten Stunden ihres Lebens am folgenden Tag. Es schien mit ihr viel schlechter auszusehen als je zuvor. Aber sie hatte das Geheimnis gelernt. Mit großem Glauben und Entschlossenheit bekannte sie Tag und Nacht: DURCH SEINE WUNDEN BIN ICH

GEHEILT! DURCH SEINE WUNDEN BIN ICH GEHEILT! Unter Schmerzen und in Verzweiflung öffnete sie ihren Mund und ließ das Wunder heraus, indem sie mutig bekannte: Durch seine Wunden bin ich geheilt.

Wenn ich so daran denke, scheint es mir, daß das Bekenntnis dieser demütigen leidenden Dame sicherlich wie Donner durch die Himmel schallte. Es zog durch die Wolken hindurch und sie hörten die guten Worte: DURCH SEINE WUNDEN BIN ICH GEHEILT! Es zog an den Sternen vorbei, und sie stimmten in das Lied mit ein, das durch das Leiden des Gottessohnes möglich wurde — DURCH SEINE WUNDEN BIN ICH GEHEILT! — Es erreichte die Tore des Himmelreiches, und die Engel erhoben ihre Stimmen, um das Bekenntnis in einen Halleluja-Gesang zu verwandeln, der das Himmelreich erfüllte. DURCH SEINE WUNDEN BIN ICH GEHEILT!!!! Es erreichte den Thron der Gnade und Barmherzigkeit, wo das Blut versprengt ist, das bezeugt, daß »er um unserer Übertretungen willen verwundet wurde. Er wurde um unserer Missetat willen zerschlagen und durch seine Striemen ist uns Heilung geworden!« (Jes. 53, 5) Jesus, der Fürsprecher unserer Bekenntnisse und Gott, unser liebender Vater, stand dabei, als die Verheißung aus dem Mund dieser leidenden Dame kam. Ihr wurde Heilung gewährt aufgrund ihres Bekenntnisses des Wortes Gottes.

Etwa einen Tag später kam der krebsartige Tumor aus ihrem Körper heraus. Sie nahm ihn zum Arzt und er bestätigte, daß er krebsartig ist. Sie nahm schnell an Gewicht ab, bis sie wieder eine zierliche Frau war. Heute, viele Jahre später, ist sie noch immer geheilt und dient

Gott. Kürzlich erst war sie in einem unserer Gottesdienste und stärkte unsere Gemeinde im Glauben, als sie die Geschichte, die ich gerade erzählt habe, berichtete.

Der Teufel hätte diese Frau natürlich gern ihres Wunders beraubt. Wenn er ihren Mund hätte schließen können, hätte er es getan. Er wußte, daß das Wunder in ihrem Mund war. In ihrem Bekenntnis blieb sie beim Wort Gottes, und das Wunder kam.

Dein Wunder ist in deinem Mund. Vielleicht kommt es nicht heute, nächste Woche oder im nächsten Monat, aber es wird kommen!!!!

Stell dich in deinem innersten Herzen völlig frei von Krankheit, Leid und allen Sorgen. DU BIST NÄMLICH FREI! Nimm dann Gottes Verheißungen ohne Furcht und bekenne sie mutig Tag und Nacht. Wenn man dich fragt, wie du dich fühlst, sag es nicht. Erzähle, WAS GOTT ZU DEINER SITUATION SAGT! SPRICH VON DEN VERHEISSUNGEN GOTTES! SAG, DU RICHTEST DICH NICHT NACH DEINEN GEFÜHLEN, SONDERN NACH DEM, WAS GOTT SAGT!!!

Die Macht der Worte

WORTE, WORTE, WORTE; wir wollen ein wenig über WORTE sprechen. Es gibt Millionen Wörter in der Welt. Sie stehen in Büchern, Zeitungen und an vielen anderen Stellen. Es sind nur Worte.

Dann gibt es noch Wörter, die in der Bibel stehen. Tausende von Wörtern stehen in diesem wunderbaren Buch. Einige davon sehen genauso aus wie alle anderen Wörter in der Welt. Sie werden genauso geschrieben. ABER SIE SIND ANDERS! Jesus sagt: »Die Worte, welche ich zu euch geredet habe, sind Geist und sind Leben.« (Joh. 6, 63) Gott sagt von seinen Worten, daß sie LEBEN SEIEN FÜR ALLE, DIE SIE FINDEN! Er sagt: »DAS WORT GOTTES IST LEBENDIG UND WIRKSAM UND SCHÄRFER ALS JEDES ZWEISCHNEIDIGE SCHWERT!« (Hebr. 4, 12)

Die Bibel sagt: »Alle Schrift ist von Gott eingegeben.« (2. Tim. 3, 16)

Wenn auch die Wörter der Bibel wie alle anderen aussehen mögen, so besteht doch ein Unterschied. Es sind GOTTES WORTE!! Gott hat Leben in sie hineingehaucht. Wenn wir diese von Gott eingegebenen Worte nehmen und sie bekennen, kommen Wunder zustande!

Gott gebrauchte Worte, um diese Welt zu schaffen. Es steht geschrieben: »Er schuf alles durch das Wort seiner Macht« (Hebr. 11, 3) Er schuf alles durch Worte. Er sagte: Es werde — und es ward.

Die Worte in Gottes Mund waren mächtig!!!

Wenn seine Worte durch unseren Mund bekannt werden, sind sie auch mächtig!

In Hosea 14, 3 steht: »Nehmet Worte mit euch und kehret um zu dem Herrn.«

Was sollst du mitbringen, wenn du dich wegen eines Wunders dem Herrn zuwendest? Was möchte er dich zu ihm bringen sehen?

NIMM WORTE! NIMM WORTE! NIMM GOTTES WORTE! NIMM GOTTES VERHEISSUNGEN UND BEKENNE SIE VOR IHM!!

Gott sagt: »Rufe mir ins Gedächtnis.« (Jes. 43, 26) Gott möchte, daß du ihn an seine Versprechen erinnerst.

Die Bibel sagt: »Du bist verstrickt durch die Worte deines Mundes.« (Spr. 6, 2)

Gott sagt: »Aus deinen Worten wirst du gerechtfertigt werden, und aus deinen Worten wirst du verdammt werden.« (Mt. 12, 37)

Der Herr sagt: »Tod und Leben sind in der Gewalt der Zunge.« (Spr. 18, 21) Deine Worte sind wichtig. Nimm Gottes Worte in deinen Mund und sprich sie aus.

In dem Buch Joel steht: »Der Schwache SAGE: Ich bin ein Held!« (Joel 4, 10) Der Schwache SAGE — SAGE — SAGE! Nicht bete, sondern SAGE!

Wenn die Schwachen jemals Hilfe bekommen wollen, müssen sie ihr Reden ändern.

Wenn die Kranken Hilfe bekommen wollen, müssen sie ihr Reden ändern.

Wenn die, die in Schwierigkeiten sind, Hilfe bekommen wollen, müssen sie ihr Reden ändern. Laß die Schwachen

Tag und Nacht sagen: Ich bin stark! »DER HERR IST MEINES LEBENS STÄRKE.« (Ps. 27, 1) Laß die Kranken sagen: Durch seine Wunden bin ich geheilt. (Jes. 53, 4) »Fürwahr, er hat MEINE Leiden getragen, und MEINE Schmerzen hat er auf sich geladen. Und durch seine Striemen ist MIR Heil geworden.« (Jes. 53, 4) »Schwachen werden sie die Hände auflegen und sie werden sich wohlbefinden.« (Mk. 16, 18) Mir wurden die Hände aufgelegt und ich genese wieder. »Der Herr ist mein Arzt.« Er hat die Krankheit aus meiner Mitte genommen. »Preise den Herrn, meine Seele, und all mein Inneres seinen heiligen Namen. Preise den Herrn, meine Seele, und vergiß nicht SEINE WOHLTATEN! Der da vergibt ALL deine Ungerechtigkeit, DER DA HEILT ALLE DEINE KRANKHEITEN.« (Ps. 103, 1–3) Preis dem Herrn, er sagt ALLE. Sag es und die Krankheit wird fortgehen.

Wer in Schwierigkeiten steckt, soll mutig bekennen: »Gott ist uns Zuflucht und Stärke, eine Hilfe reichlich gefunden in Drangsalen.« (Ps. 46, 1)
Verkündige: Gott ist mit mir! Er ist mein Helfer! Wenn Gott für mich ist, wer mag wider mich sein?! (Röm. 3, 31)
»Viele sind der Widerwärtigkeiten des Gerechten, aber aus allen diesen errettete ihn der Herr!« (Ps. 34, 19)

Laß die, die von dem »Geist der Angst« gepeinigt werden, anfangen zu reden. Ändere dein Reden, wenn du einen Sieg erlangen willst. Laß die Furchtsamen Tag und Nacht mutig reden: »Der Herr ist MEIN Hirte, ich soll mich nicht fürchten. Auch wenn ich wanderte im Tal des Todesschattens, FÜRCHTE ICH NICHTS ÜBLES, denn DU BIST BEI MIR.« (Psalm 23)

Ich fürchte mich nicht, denn du bist mit mir. Ich schaue nicht ängstlich umher, denn du bist mein Gott. Du STÄRKST MICH! Du HILFST MIR! Du stützt mich mit der Rechten Deiner Gerechtigkeit. (Jes. 41, 10)

Wer sich ängstigt, soll IMMER WIEDER SAGEN: »Der Herr ist mein Licht und mein Heil, vor wem sollte ich mich fürchten? Der Herr ist meines Lebens Stärke, vor wem solte ich erschrecken? Als Übeltäter mir nahten, meine Bedränger und meine Feinde, — sie strauchelten und fielen.«

Wer von Angst verfolgt wird, sage: »Gott hat mir nicht den Geist der Furchtsamkeit gegeben, sondern der Kraft und der Liebe und der Besonnenheit!« (2. Tim. 1, 7) Verkündige das: Ich habe keinen Geist der Furchtsamkeit! Ich habe den Heiligen Geist der Kraft! Ich habe den Geist der Liebe! Ich habe den Geist der Besonnenheit!

Bekenne das jedem. Sprich nicht über deine Ängste, sondern sprich von dem, was Gott über dich sagt. Tu deinen Teil, indem du bekennst, und die Furcht wird dahinschmelzen, wie der Nebel vor der aufgehenden Sonne.

Laß die Schwachen SPRECHEN!

Laß die Traurigen SPRECHEN!

Laß die Kranken SPRECHEN!

Laß die, die ein Wunder brauchen, SPRECHEN!

Was sollen alle diese Menschen sprechen? Was sollst du SAGEN? SAG DAS, WAS GOTT SAGT!!! Nimm seine

Verheißungen und tritt durch den Herrn Jesus vor seinen Thron und »erinnere ihn daran«. Bekenne, daß sie sich verwirklichen werden.

Im Hebräerbrief steht geschrieben: »Er hat gesagt: Ich will dich nicht versäumen noch dich verlassen; so daß wir mutig sagen können: Der Herr ist mein Helfer, und ich will mich nicht fürchten; was wird mir ein Mensch tun?« (Hebr. 13, 5-6)

Dies ist ein sehr bemerkenswerter Abschnitt! Achte darauf, daß gesagt wird: Er hat gesagt, daß WIR MUTIG SPRECHEN KÖNNEN. Er hat gesagt, daß WIR MUTIG SPRECHEN KÖNNEN!!!

Gott gab uns nicht Hunderte von Verheißungen, einfach, um sie zu glauben. Er hat sie uns gegeben, damit wir sie MUTIG IN UNSEREM BEKENNTNIS ZU UNSERER BEFREIUNG SPRECHEN KÖNNEN.

Betrachte eine seiner Verheißungen, die in deine Situation trifft. Glaube mit deinem ganzen Herzen. Nun beginne, DIESE VERHEISSUNGEN MUTIG ZU DIR SELBST ZU SAGEN, ZU DEINEN FREUNDEN, ZU DEINER FAMILIE UND ZU SATAN! Erkläre ihnen allen mutig: Dieses hat Gott, mein Vater, gesagt. Ich glaube es! Es gehört jetzt mir!! Bleibe dabei und verkündige es in Schmerz, Leid, Furcht und Not. Jesus ist der »Hohepriester unseres Bekenntnisses« (Hebr. 3, 1) und er wird mit Sicherheit darauf achten, daß es Wirklichkeit in unserem Leben wird.

Die Bibel sagt im Markusevangelium: »Wer zu diesem Berge sagen wird: Werde aufgehoben und ins Meer geworfen! Und nicht zweifeln wird in seinem Herzen, sondern glauben, daß geschieht was er sagt, dem wird werden, was er sagen wird.« (Mk. 11, 23–24)

Denke darüber nach. Wir können haben, WAS WIR SAGEN, WENN WIR IN UNSEREM HERZEN NICHT ZWEIFELN! Wenn du nicht glaubst, daß dies ein Gesetz ist, das zutrifft, versuche es umgekehrt. Das ist das, was die meisten Menschen sowieso tun. Sie glauben, sie seien krank und daß es ihnen noch schlechter gehen wird. Sie erzählen jedem davon. Frage sie, und sie werden offen und überzeugend sagen: Ich bin krank, ich habe Schmerzen, ich werde wahrscheinlich ins Krankenhaus gehen müssen. Ich glaube, ich bekomme Krebs. Es wird immer schlimmer. Und so machen sie immer weiter. Sie glauben es und sagen es UND BEKOMMEN DAS, WAS SIE SAGEN!!

Wenn es umgekehrt funktioniert, wird es auch mit der anderen Haltung gehen. Es wird eintreten, wenn wir den GLAUBEN IM BEKENNTNIS AUSÜBEN UND GOTTES VERHEISSUNGEN SPRECHEN!

Also beginne heute damit. Zweifle nicht. Glaube mit deinem Herzen, was Gott gesagt hat und sprich es beständig in deinem Bekenntnis, und DU WIRST BEKOMMEN, WAS DU GESAGT HAST.

Du siehst, daß Gott »darüber wacht, daß sein Wort ausgeführt wird.«

Es gibt drei Stimmen, die zu dir sprechen:

Zuerst, ruft die Stimme aus dem Abgrund, wenn Krebs, Krankheit, Blindheit und Kummer in dein Leben treten. Sie ruft mit kräftiger und donnernder Stimme: Du bist krank! Du hast Kummer! Du bist krank! Du hast Kummer! — Das ist die eine Stimme.

Zweitens, sagt uns die Stimme Gottes in seinem Wort: »Durch seine Wunden sind wir geheilt.« Er hat unsere Krankheit getragen. Er hat uns losgekauft von dem Fluche des Gesetzes, indem er ein Fluch für uns geworden ist. (Gal. 3, 13) Er trug unsere Sünden. »Mein Gott wird alle eure Bedürfnisse erfüllen.« (Phil. 4, 19)
Nun sagen Symptome und Krankheit das eine und Gott das andere. Die Schwierigkeit der Sache ist:

Drittens, was sagst du dazu? Wessen Partei wirst du ergreifen? Wirst du hinübergehen und bekennen, was Satan dir angetan hat? Oder wirst du zu Gottes Wort stehen und bekennen, was Gott gesagt hat?

Siehst du, die Bibel sagt, laß die Schwachen SPRECHEN — nicht beten. Laß die Schwachen sagen: Ich bin stark. Das sagt Gott: Laß die Schwachen sprechen. Sie müssen etwas sagen. Laß die Kranken sagen: Ich bin geheilt. Laß die, die in Schwierigkeiten sind, sagen: Ich bin befreit. Laß solche, die von Dämonen belastet sind, sagen: Ich bin frei. Sag es aufgrund des großen und heiligen Werkes des Sohnes des lebendigen Gottes, der sein Blut vergoß, um diese Dinge für dich zu erkaufen.

Sieh die kleine Frau mit den Blutungen an. Sie sagte etwas! In der Bibel sagte sie: »Wenn ich nur sein Kleid anrühre, werde ich geheilt werden.« (Mt. 9, 21)
Sieh David an, als er Goliath gegenüberstand. Er sagte etwas! Er sagte: »An diesem Tag wird der Herr dich in meine Hand überliefern.« (1. Sam. 17, 46)

Eine der erstaunlichsten Entdeckungen, die ich in der Bibel machte, handelt von Worten!

Die Kanaaniterin, die Jesus folgte, war nicht erlöst, und Jesus wollte ihr nicht zuhören. Er stärkte dabei ihren Glauben, er benahm sich nicht unhöflich. Als sie nachfolgte, sagte er nichts. Die Jünger sagten: Entlaß sie, denn sie schreit hinter uns her. Sie sagte: Herr, meine Tochter ist schlimm besessen. Die Mutter dieser Tochter lief Jesus nach und rief um Hilfe. Sie wollte ein Wunder für ihre kleine Tochter, die zu Hause war und Hilfe brauchte. Schließlich drehte sich Jesus um und sagte: Es ist nicht richtig, das Brot der Kinder zu nehmen und den Hunden hinzuwerfen. Und sie erwiderte: Ja, Herr, aber es essen doch auch die Hunde von den Brosamen, die von dem Tische ihres Herrn fallen. (Mt. 15, 21–28)

Jetzt hört euch dies an. Jesus sagte: Oh Weib, dein Glaube ist groß. Weil du das gesagt hast, ist der Dämon aus deiner Tochter gefahren. Denk darüber nach! Eine Frau konnte etwas sagen, etwas bekennen, und ein Dämon verließ ihre Tochter. Jesus sagte ihr, der Dämon hätte ihre Tochter verlassen aufgrund dessen, was sie gesagt hatte!

Ich sage euch, viele Dämonen belasten Töchter, Ehemänner, Ehefrauen, Kinder, Männer und Frauen aufgrund der Dinge, die wir sagen. Und im Grunde drücken wir aus, daß wir für Satan leben wollen, wenn wir sagen, daß wir nicht glauben, — wenn wir sagen, daß wir nichts empfangen, — wenn wir sagen, daß wir uns nicht übergeben wollen und wenn wir sagen, daß wir dies oder das oder irgendetwas anderes im Gegensatz zu Gott tun wollen. Diese Art zu reden, öffnet Satan und der Macht der Finsternis ein Tor. Diese kleine Kanaaniterin kam zu Jesus, betete ihn an und SPRACH. Ihre Tochter war viele Kilometer von ihr entfernt. Jesus sagte, das Bekenntnis von Worten sei so mächtig, daß sie aufgrund dessen, was sie bekannt hätte, die Heilung für ihre Tochter bekam.

Mein Bruder, meine Schwester — es ist wichtig, was du sagst!

Die Bibel sagt, wenn du in deinem Herzen nicht zweifelst, sondern glaubst, daß die Dinge, die du sagst, wahr werden, du haben sollst, was du sagst. Wenn du betest, glaub, daß du empfängst und du wirst haben, was du sagst.

Wußtest du, daß du dich aus dem, was du gesagt hast, zusammensetzt? Wußtest du das? Was du gesagt hast, verwirklicht sich in deinem Körper, in deinem Verstand, in deinem physischen und geistigen Wesen. Wenn du schwach und niedergeschlagen bist, überprüfe dich. Du bist ein Produkt dessen, was du gesagt hast, weil du erhältst, was du sagst. Wenn du anders werden möchtest, mußt du dein Reden ändern. Wenn du dein Leben ändern möchtest, mußt du dein Bekenntnis ändern. Das Wunder ist in deinem Mund. Du wirst keinen Pfarrer finden, der dir helfen kann, wenn du fortfährst, die Werke des Teufels und der Finsternis zu bekennen. Du wirst keinen Pfarrer finden, der dir helfen kann, wenn du nicht bekennst, was Gott in seinem Wort sagt.

Das Wunder eines Pfarrers

Das Wunder, das du brauchst, ist in deinem Mund. Bekenne es laut, SO WIE DU ES IN DEINEM HERZEN GLAUBST. Ich werde an einen wunderbaren, begabten Prediger des Evangeliums erinnert, den ich recht gut kenne. Er litt sehr an Arthritis. Er konnte kaum aus dem Bett kommen und laufen. Er humpelte dann am Morgen zu einem Bad heißen Wassers, um Linderung zu finden, damit er den Tag beginnen konnte. Er kaufte schachtelweise Aspirin. Seine Schmerzen waren heftig und hörten nicht auf. Seine Knie- und Fußgelenke schwollen zu der Größe einer Pampelmuse an. Ich könnte noch viel mehr dazu sagen, aber mit Worten kann man seinen Zustand nicht angemessen schildern. Er liebte Gott und war mit seinem Geist erfüllt. Er versuchte weiter zu predigen.

Als er eines Tages zu einem Treffen flog, wo er predigen sollte, geschah etwas. Gott ließ das Wort in seinem Herzen lebendig werden: »Durch seine Striemen sind wir geheilt.« Hoch oben in der Luft, während er im Flugzeug saß, glaubte er es plötzlich in seinem Herzen. Er konnte aufrichtig sagen und bekennen: »Ich bin geheilt. Durch seine Striemen bin ich geheilt!«

Als er landete, kam ihm der Pastor entgegen. Er humpelte aus dem Flugzeug, und der Pastor sagte voller Mitgefühl: Wie geht es dir? Er sah auf und sagte: Oh, ich bin geheilt! Nun, der Pastor sah ihn an, als hätte er seinen Verstand verloren. Als er an dem Abend unter Schmerzen zur Kanzel ging, stand er vor den Menschen und sagte mutig: Ich möchte gern bekanntgeben, daß ich geheilt bin! Stell dir das vor! Er hatte noch Schmerzen und angeschwollene Gelenke! DENNOCH WUSSTE ER IN SEINEM HERZEN UND BEKANNTE MIT SEINEM MUND, DASS ER GEHEILT WAR!

Das Wunder war in seinem Mund, und er bekannte es laut. Schnell gewann er seine Gesundheit zurück und wurde völlig normal. Heute hat er nichts mehr von seiner Krankheit, und Gott benutzt ihn für große Dinge.

Ein gutes tägliches Bekenntnis

Es tut uns allen gut, täglich vor Gott sein Wort zu bekennen! Hier ist ein Bekenntnis, das ich euch mitteilen möchte. Ich habe es gemacht und spreche es fortwährend vor ihm.

»Ich bekenne mit meinem Mund den Herrn Jesus und glaube in meinem Herzen, daß Gott ihn von den Toten auferweckt hat.
DESHALB BIN ICH GERETTET! (2. Kor. 5, 17) Wenn jemand in Christus ist, der ist eine neue Schöpfung. Das Alte ist vergangen, siehe, es ist alles neu geworden. Ich bin in Christus. Ich bin EIN NEUES GESCHÖPF. Das Alte ist vergangen und alles ist neu geworden. Ich bin in Christus! Ich bin in Christus. Ich bin EIN NEUES GE-

SCHÖPF! Das Alte ist vergangen und alles ist neu geworden.

Ich habe einen neuen Vater im Himmel! Ich habe ein neues Leben, ein ewiges Leben! Ich habe eine neue Bürgschaft, und die ist im Himmel! (Kol. 1, 13) Ich lebe in einer neuen Sphäre. Ich bin errettet aus der Gewalt der Finsternis und versetzt in das Reich des Sohnes seiner Liebe. In dem geliebten Sohn bin ich angenommen. Mein Name steht in dem Buche des Lebens!

ICH HABE NEUE KRAFT!

Ich habe Gewalt, auf Schlangen und Skorpione zu treten und ÜBER DIE GANZE KRAFT DES FEINDES, und NICHTS SOLL MICH IRGENDWIE BESCHÄDIGEN! (Lk. 10, 19) Ich habe Gewalt über alle Dämonen, um sie auszutreiben. Ich kann den Schwachen die Hände auflegen, und sie werden sich wohlbefinden. (Mk. 16, 18) Ich bin mehr als ein Überwinder durch Jesus Christus (Röm. 8, 37). Durch Christus vermag ich alles zu tun! Ich bekenne die vielen Segnungen von Golgatha.

»Preise den Herrn, meine Seele, und vergiß nicht alle seine Wohltaten, der da vergibt alle deine Ungerechtigkeit, der da heilt alle deine Krankheiten, der dein Leben erlöst von der Grube, der dich krönt mit Güte und Erbarmungen, der mit Gutem sättigt dein Alter, deine Jugend erneuert sich wie die des Adlers.« (Ps. 103, 1–5) Alle meine Sünden sind vergeben! Alle meine Krankheiten sind geheilt. Mein Leben wird erhalten und ist stark in Gott! Ich werde gekrönt mit seiner Güte!

Ich bekenne, daß ich keine Angst habe!

»Auch wenn ich wanderte im Tal des Todesschattens, FÜRCHTE ICH NICHTS ÜBLES!!!« (Ps. 23, 4) »Ich fürchte mich nicht, denn DU BIST MIT MIR. Ich schaue nicht ängstlich umher, denn du bist mein Gott. DU HILFST MIR, DU STÄRKST MICH, DU STÜTZT MICH mit der Rechten deiner Gerechtigkeit.« (Jes. 41, 10)

»Gott hat mir nicht den Geist der Furchtsamkeit gegeben, sondern der Kraft und der Liebe und der Besonnenheit.« (2. Tim. 1, 7) Ich habe den GEIST DER KRAFT IN MIR! Ich habe den GEIST DER LIEBE IN MIR! Ich habe den GEIST DER BESONNENHEIT IN MIR!

Über mir ist das Blut des Lammes! DER HERR GEHT VOR MIR HER! Jesus ist IN mir! Der Engel des Herrn umgibt mich! Unter mir sind die ewigen Arme Gottes. Und GÜTE UND BARMHERZIGKEIT FOLGEN MIR AN ALLEN TAGEN MEINES LEBENS! (Ps. 23, 6) Halleluja! DIE ANGST HAT KEINEN PLATZ IN MEINEM LEBEN.

Ich bekenne, daß dies ein guter Tag ist!

Heute bin ich geheilt! Heute bin ich von der Liebe Gottes erfüllt! Heute bin ich mit der Freude des Herrn erfüllt! Heute bin ich mit dem Frieden Gottes erfüllt! Heute bin ich mit der Weisheit Gottes erfüllt! Heute bin ich mit dem Heiligen Geist erfüllt! All dies gehört mir HEUTE!

Ich bekenne heute, daß ich jemandem helfen will, die Gnade und Barmherzigkeit Gottes zu finden. Ich will mich heute freuen, daß der Himmel mein Zuhause ist.

Ich will mich heute freuen, daß meine ganze Familie in die Familie des Herrn kommt!

Dies ist mein Bekenntnis! Ich bekenne es mutig vor Satan, vor den Engeln, vor dem Herrn Jesus und vor Gott, meinem Vater. In Jesu Namen danke ich dir Vater, daß ICH DAS, WAS ICH SAGE, HABE! MEIN BEKENNTNIS STEIGT VOR DIR AUF UND IST AUF DEINEM WORT GEGRÜNDET! Jesus ist der Hohepriester meines Bekenntnisses. HEUTE noch läßt er es wahr werden.

Meine Freunde, sprecht dieses Bekenntnis mutig jeden Tag, und ihr werdet herausfinden, daß Gott sein Wort hält. DAS WUNDER IST IN DEINEM MUND!